UNE SUCRERIE A LA HAVANE.

L'AVENIR DES ANTILLES ESPAGNOLES

I

On sait que les causes de la guerre hispano-américaine qui sévit actuellement datent de loin (1). En admettant que le gouvernement de Madrid eût fait, avant l'explosion des hostilités, encore plus de concessions que l'orgueil espagnol n'en pouvait supporter, le conflit se serait renouvelé à brève échéance. Les Cubanos, instruits par le passé du peu de crédit à donner aux engagements pris par la métropole, n'en auraient pas moins persisté à vouloir rompre les liens qui les rattachent encore à elle et qui ont été également funestes pour l'Espagne et pour Cuba. La question de l'intervention étrangère dans les affaires des Antilles a été passionnément discutée. Les uns, s'appuyant sur le droit international strict, ont soutenu que les États-Unis en violaient l'esprit et la lettre (2) ; les autres prétendent, au contraire, que si le principe invoqué par les partisans de l'Espagne est vrai, il n'a de valeur que lorsqu'il s'agit de s'armer contre des intentions de conquête masquées sous des prétextes répudiés par la justice et l'humanité (3). Et les adhérents des Américains ajoutent que, dans le cours de notre siècle, des exemples nombreux, dont plusieurs relativement récents, ont démontré la nécessité et l'équité d'une immixtion de tiers, même en armes, s'imposant pour mettre fin à des faits condamnés

(1) Voir *Bibliothèque illustrée des Voyages autour du monde*, II. CASTONNET DES FOSSES, *Cuba et Puerto-Rico*. (Librairie Plon.)

(2) Voir EMILIO CASTELAR, *Crónica internacional* (*España moderna*, avril et mai 1898), et ses correspondances dans la *Revue internationale*.

(3) Voir ALPHONSE RIVIER, *Principes du droit des gens*.

33

par la civilisation (1). La France n'a-t-elle pas jeté le poids de son épée dans la balance quand l'heure était venue de peser les destinées de l'Italie? Et l'unité italienne, fondée sur l'affranchissement de la Lombardie, qui était opprimée par l'Autriche, ne s'est-elle pas constituée à la suite d'événements analogues à ceux qui ont provoqué la révolution cubaine et le concours apporté à celle-ci par le gouvernement de Washington? Le droit historique de la suprématie espagnole à Cuba n'a pas été jugé absolu par les Américains; ils estiment que l'Espagne en a perdu le bénéfice par l'usage même qu'elle en a fait, ou, pour parler plus clairement, par les abus qu'elle a laissés se perpétuer et qui, en ruinant les intérêts des Antilles espagnoles, compromettaient ou exposaient ceux de leurs plus proches voisins. On ne saurait nier qu'en gouvernant par la force, le fer et le sang un empire colonial le plus magnifique qu'on eût jamais vu, et en maintenant ce système pendant plus de quatre siècles, sans vouloir consentir à aucune réforme réelle, les Espagnols ont soulevé contre eux toutes les idées civilisées dont la sauvegarde est dictée au progrès humain. Les États-Unis se sont fait les arbitres et les instruments de cette sauvegarde. Ils refusent à un régime reconnu odieux par le monde entier le privilège de s'abriter sous le droit international, et apportent aux Cubanos leur aide pour secouer le joug, comme les Français ont, en 1859, apporté le leur aux Italiens. La catastrophe du *Maine* leur a fourni le *casus belli*, et, maintenant que le canon a tonné, la guerre ne peut plus avoir d'autre issue que la délivrance de Cuba.

En Europe, on attribue aux Américains le projet de s'annexer les Antilles espagnoles, lorsque l'Espagne aura été vaincue. Le courage égal des deux nations aujourd'hui en lutte, leurs forces navales dont le nombre des bâtiments, des torpilleurs et des contre-torpilleurs, n'est pas l'unique facteur, l'habileté stratégique pouvant triompher au moment suprême, tout contribue jusqu'à présent à rendre cette victoire indécise, et le sort peut déjouer les calculs faits à Washington. Mais, en supposant qu'ils réussissent, il n'est pas permis d'affirmer que les États-Unis mentiront à leur promesse de laisser, après la pacification, le gouvernement et la gestion de Cuba aux Cubains. Le Congrès a déclaré, en commençant la guerre, qu'il repoussait toute pensée d'exercer une souveraineté, une juridiction, un contrôle sur les Antilles. Le peuple américain, à l'exception des partis violents, qu'on appelle les *jingoes*, s'associe à ces vues purement humanitaires, et l'avenir nous apprendra ce que valent ces résolutions devant les événements. En attendant, on ne peut mettre en doute la sincérité de ceux qui contestent que les États-Unis agissent dans un but purement égoïste, et que les Américains veulent autre chose que le rétablissement définitif de la tranquillité à Cuba et l'autonomie des Cubains. On doit leur donner acte de leurs paroles et se rappeler, comme ils le disent, que les Français sont venus, il y a un siècle, au secours de la République américaine naissante, et qu'après avoir versé leur sang et leur or pour lui assurer la liberté et l'indépendance, ces alliés n'ont pas été plus loin. Pourquoi les héritiers de Washington ne pourraient-ils pas, eux aussi, se borner au rôle de La Fayette? Lorsque ce dernier reçut l'épée d'honneur que lui offrirent les concitoyens de Franklin, il put y lire cette devise :

<hr>

(1) Voir les articles de M. Ed. TALLICHET dans la *Bibliothèque universelle* et *Revue suisse*, mai et juin 1898.)

Crescam ut prosim. (Je grandirai pour être utile.) Les Américains se souviennent aujourd'hui de cette maxime ; pourquoi donc vouloir absolument que, sous celle-ci, ils en cachent une autre moins désintéressée ?

Nous n'examinerons pas ici la question de savoir si les guerres faites pour l'idée de justice sont profitables à ceux qui s'en chargent, quand elles s'arrêtent là et n'ont que ce mobile généreux. La théorie a été très controversée, et récemment encore un économiste en renom prouvait que l'indépendance américaine n'avait procuré à la France de la fin du dix-huitième siècle qu'un terrible passif en faisant sombrer, avec les finances de la monarchie, le fécond mouvement réformateur de Turgot (1).

« Peut-on espérer, dit le même écrivain, que la guerre d'émancipation de Cuba soit, en définitive favorable aux émancipés et qu'elle donne aux émancipateurs une satisfaction sans mélange ? Certes, l'Espagne a parfaitement mérité de perdre Cuba, et peut-être le seul bon résultat de la guerre actuelle sera-t-il de montrer aux nations qui s'empressent aujourd'hui d'imiter son inique et barbare système d'exploitation coloniale, quelle juste haine ce système engendre et à quels désastres il aboutit tôt ou tard. Mais la population de Cuba gagnera-t-elle à échanger le gouvernement des politiciens et des fonctionnaires espagnols contre celui des politiciens et des fonctionnaires cubains ? A cet égard, l'exemple des républiques de l'Amérique du Sud n'est pas précisément encourageant. En s'affranchissant de la domination de l'Espagne, elles ont gardé de la métropole la funeste habitude des révolutions, des coups d'Etat et des *pronunciamientos ;* elles lui ont emprunté son régime prohibitif et son papier-monnaie ; elle ont fait des dettes qu'elles négligent volontiers de payer, les infortunés créanciers de la République argentine en savent quelque chose ! Les fonctionnaires espagnols étaient peu scrupuleux sur les moyens de s'enrichir, mais les politiciens civils et militaires qui les ont remplacés le sont-ils davantage ? Les gouverneurs espagnols étaient des maîtres très durs, mais aucun d'entre eux n'a laissé une réputation de férocité et de brigandage comparable à celle de Rosas et de Quiroga. Enfin, l'Espagne maintenait la paix entre ses colonies tout en les préservant du fléau de la guerre civile. Ces services, elle les faisait payer cher, mais les gouvernements autonomes qui lui ont succédé ne font-ils pas payer les leurs plus cher encore, et l'essor de la prospérité de Cuba et de Porto-Rico n'atteste-t-il pas que le gouvernement de l'Espagne, si lourd et si vicieux qu'il soit, vaut autant pour le moins que celui des républiques émancipées de l'Amérique du Sud ? Il est donc permis de douter que les États-Unis contribuent à augmenter la prospérité de Cuba et le bonheur de sa population, en lui faisant cadeau de l'indépendance. Et il ne faut pas se dissimuler que c'est un cadeau qui coûtera cher aux émancipés, aussi bien qu'aux émancipateurs... A l'issue de la guerre, les Cubains seront libres, soit ; mais combien en restera-t-il ? »

II

La ruine des Antilles espagnoles est déjà consommée. Quand on leur laissera le choix entre l'indépendance complète, sans aucune réserve,

(1) Voir G. DE MOLINARI, *Journal des Économistes*, 15 mai 1898.

ou un régime de *self government*, d'autonomie économique analogue à celui des colonies libres de l'Angleterre, avant de devenir aussi florissantes que celles-ci, elles devront traverser une très longue période de souffrances, et il serait prématuré de dire dans quelles conditions leur relèvement sera possible. Sans vouloir être prophète, on peut prévoir que toute la première moitié du vingtième siècle s'écoulera, sans doute, avant qu'elles aient réparé les pertes immenses qui leur ont été infligées.

L'avenir de Cuba et de Porto-Rico ne peut plus s'envisager que sous des couleurs sombres, avec des horizons enveloppés de nuages noirs qui peut-être recèlent encore d'autres tempêtes. Cependant, au milieu des calamités présentes et futures que les Cubains auront à supporter, et, s'ils en ont les moyens, à réparer, il n'est pas difficile de reconnaître dès maintenant que les Antilles espagnoles devront entrer dans l'orbite d'influence des États-Unis, si elles n'entrent pas tôt ou tard en leur possession. Il y a longtemps qu'un des présidents les plus clairvoyants de la grande République américaine, John Quincey Adams, a dit : « Cuba, qui est presque en vue des côtes de l'Amérique, représente par une foule de considérations un objet important dans les préoccupations commerciales et politiques de l'Union. Quand, par la force des choses, elle sera détachée de l'Espagne, presque aussitôt elle se sentira incapable de se gouverner elle-même, et alors elle gravitera vers l'Amérique du Nord, qui seule, par sa position géographique et par ses puissantes ressources, pourra la sauver d'une disparition totale. »

Au nom de la doctrine de Monroë, les États-Unis, à aucun prix, et dussent-ils faire durer la guerre pendant trente ans comme celle qui ne se termina que par la paix de Westphalie, ne laisseront aucune puissance européenne planter son drapeau à Cuba, le jour où l'Espagne y aura perdu tous ses droits. Quand James Monroë arriva en 1820 à la présidence de Washington. pour le second terme (il avait déjà été élu en 1817), il voulut consolider, plus que ne l'avaient fait ses prédécesseurs immédiats, les forces de l'Union et mettre celle-ci à l'abri des dangers qui pouvaient naître des éventualités. Il avait alors soixante-deux ans, et son éducation, son expérience, lui avaient beaucoup appris. Élève en droit dans la Virginie, sa patrie, il avait pris les armes dès les débuts de la guerre de l'indépendance. s'était distingué dans plusieurs batailles, avait obtenu le grade de colonel, puis, la paix faite, était retourné à ses études. Devenu membre du Congrès national en 1790, il avait été nommé ambassadeur de la République en 1794 à Paris, et, rappelé en 1796, il avait mis sous les yeux de son pays toute sa conduite diplomatique, en publiant la correspondance qui s'y rapportait. En 1803, après avoir été gouverneur de la Virginie. il avait accepté de nouveau l'ambassade en France avec la mission de négocier la cession de la Louisiane aux États-Unis. A Londres et à Madrid. il avait également fait preuve d'habileté. Puis, en 1808, préparant sa candidature à la présidence de la République, il était revenu dans sa patrie. En 1814, quand les Anglais prirent et brûlèrent Washington, il avait, comme secrétaire d'État de la guerre, dirigé les opérations militaires avec l'autorité et les capacités d'un généralissime. Sa présidence, qui dura huit ans, fut une ère de bienfaits pour les États-Unis. Il organisa la marine et en assura le développement. Sous son administration la Floride entra dans l'Union. Il fit reconnaître l'indépendance des colonies espagnoles et portugaises et fut l'inspirateur de la loi qui a rendu son nom immortel, et qui se résume en cette résolution : «L'Amérique ne sera plus ouverte à la colonisation étrangère » C'est ce que l'on est convenu d'appeler la doctrine de Monroë, parce qu'elle se trouve énoncée dans son message du 2 décembre 1823.

James Monroë, quoique soldat, avait la guerre en horreur ; pour lui elle ne devait conduire avant tout qu'aux désastres économiques et financiers. Aussi l'évita-t-il avec une extrême prudence, autant que les circonstances le lui permirent. Homme très droit, énergique, actif, dévoué au pays, il comprit que les États-Unis avaient, après tant de sacrifices d'or et de sang, besoin de la paix. Mais pour maintenir celle-ci, il fallait une circonspection extraordinaire. Les impatients, imbus du militarisme, ne faisaient pas défaut. Ils auraient voulu user de représailles contre l'Angleterre et l'attaquer chez elle, comme ils l'avaient naguère été chez eux. Or, cette politique était contraire au programme dicté par Washington, et c'était des leçons du grand libérateur que Monroë voulait l'application. « L'Europe, avait dit Washington, a des intérêts qui n'ont qu'un lien fort vague avec ceux des Américains. Elle s'engage dans des querelles et des conflits qui touchent peu l'Amérique ou ne regardent point celle-ci. Elle a des appétits que l'Amérique ne doit point favoriser. Le devoir des États-Unis est de rester neutre vis-à-vis de l'Europe, mais de ne pas souffrir qu'elle vienne troubler leur stabilité. » L'Europe était, à ce moment, dans cette crise aiguë de l'expansion coloniale qui la reprend aujourd'hui. Or, l'Amérique avait de tout temps été l'objectif, la terre promise de tous les États européens ambitieux. Tous se persuadaient qu'ils n'avaient qu'à s'y tailler une part, la plus grande possible, que les filons américains ne pouvaient être exploités que par eux et que l'ère des conquistadores ne devait jamais être fermée. Les conseils d'Adams et de Jefferson aidèrent Monroë à prendre le parti d'opposer une barrière à l'invasion de l'ancien monde. « Il faut, avait dit le solitaire de Monticello, Jefferson, tracer à travers l'Océan une limite entre les deux hémisphères, de telle manière que d'un côté de cette frontière idéale on n'entende plus un coup de canon européen, et, de l'autre, pas un coup de canon américain, que le loup et l'agneau puissent vivre en paix sur ces confins, et que la raison du plus fort cesse d'être pour l'un ou pour l'autre la meilleure. » -

Les Américains d'aujourd'hui sont restés fidèles à cette loi depuis trois quarts de siècle. Ils ont vu de loin les chutes de trônes dans l'ancien monde et le remaniement de la carte des empires ; spectateurs des guerres et des révolutions européennes, ils se sont abstenus d'y intervenir. Et maintenant encore, ils n'ont de conflit avec l'Espagne que parce que celle-ci est considérée, par eux, comme une intruse dans le nouveau monde et parce que le nouveau monde est le théâtre de l'insurrection cubaine. Si le gouvernement de Madrid, par un acte de désespoir, cédait Cuba, Porto-Rico à une autre puissance d'Europe, le gouvernement de Washington se retournerait au même instant contre cette dernière, et ce serait une nouvelle guerre.

Dans ces conditions, Cuba sera ou autonome ou américaine. Or, il y a précisément aux États-Unis deux courants politiques qui correspondent à ces deux tendances. Le *jingoïsme* veut que les Antilles entrent dans l'Union. Les intérêts cubains, suivant lui, péricliteront fatalement s'ils n'ont pas l'Union pour égide ; et s'ils périclitent, l'Union elle-même en ressentira le contre-coup. Ils trouvent par conséquent logique d'annexer

Cuba. Les autres, et ce sont les plus nombreux, ne voient dans l'annexion des Antilles qu'une charge très onéreuse pendant un grand nombre d'années, et ils préfèrent, en établissant le coût de cette opération, ne pas en courir l'aléa. Ils se rappellent aussi que la guerre de sécession a grevé la dette publique américaine d'un passif qui, sans tenir compte des énormes pertes des particuliers, ne sera, une fois la liquidation finie, pas au-dessous de douze milliards de dollars (soixante milliards de francs). Aussi réclament-ils à bref délai une solution de la situation actuelle, en se refusant à tout ce qui endetterait l'avenir. Entre ces deux courants viendra s'en établir un troisième, celui des calculateurs à longues prévisions, qui croient, au fond, les Antilles espagnoles d'excellent rapport, pourvu qu'on sache les mettre politiquement et économiquement en culture, et qui veulent l'autonomie cubaine jusqu'à ce que Cuba ait recouvré sa prospérité, dont ils se promettent bien de tirer parti dans la suite. On ne peut encore indiquer le dernier vainqueur dans ce jeu redoutable, mais il est probable que, suivant un mot attribué à M. Mac Kinley, le siècle ne s'achèvera point sans que la ligne idéale de Jefferson ait été effacée par les Américains eux-mêmes, sous la pression de l'inéluctable fatalité.

Charles SIMOND.

EN ROUTE POUR LA RÉVOLTE.

LA HAVANE — MATANZAS [1]

I

LA HAVANE.

Nous avons ralenti notre marche depuis hier. C'est que la pudique et prudente Havane ne permet pas qu'on entre chez elle pendant la nuit. Nous arrivons à l'heure réglementaire. Le phare s'éteint, le canon gronde. Le drapeau espagnol grimpe au haut du mât; nous hissons notre pavillon. Le pilote nous accoste; la porte est ouverte, nous en profitons.

A gauche s'élève le *Morro* tout pavoisé, à droite le fort de la *Punta*. Sur les collines est échelonné tout un amas de forts, de fortins, de batteries, de tours, de tourelles et de remparts qui montrent aux passants leurs dents de bronze. Nous entrons dans la passe, qui a 1,500 varas (2) de long sur 350 de large. Nous

(1) Les pages que nous reproduisons ici sont extraites du charmant volume *Un Parisien dans les Antilles*, par QUATRELLES (pseudonyme d'Ernest Lépine) (Librairie Plon). Ernest Lépine, enlevé prématurément à ses amis et aux lettres, fut un de nos écrivains les plus pétillants de verve. A la magie du style il joint les qualités précieuses de l'observateur voyant bien et voyant tout de ce regard circulaire dont parle Victor Hugo. (C. S.)

(2) La *vara cubana* est de 0,848. Elle est semblable à celle de Madrid. La *vara habanera* est de 0,844.

laissons à gauche le bourg de *Casablanca*, *Regla*, si bruyant, si animé, et nous nous trouvons en face de la Havane.

L'aspect général en est imposant. Le port est encombré de

vaisseaux de tous les pays, de tous les tonnages, de toutes les couleurs. La baie, qui a trois lieues de tour (1), est trois fois échançrée. La première anse, entre Casablanca et Regla, est celle de *Triscornia*; la seconde, de l'autre côté de la pointe de Regla.

(1) La lieue cubaine a 5,000 varas ou 4,220 mètres.

est celle de *Guanabacoa*; la troisième, au fond de la baie, est celle de *Atares*.

Sur le cadre des collines sont éparpillés des bourgades, des

habitations de plaisance, de vastes bâtiments carrés. — car le cube est en honneur ici aussi bien qu'à Puerto-Rico, — des magasins considérables, des chantiers de construction et. de-ci de-là, des bouquets de palmiers. En face est la Havane avec ses maisons peintes, aux terrasses mauresques, aux larges fenêtres grillées, avec ses clochetons dans lesquelles chantent des carillons, ses quais encombrés de marchandises que débarquent ou embarquent des noirs aussi gauches que forts, des Chinois aussi adroits que chétifs.

Et tout cela nous apparaît au milieu de cette poussière d'or qui, au lever du jour, enveloppe toutes choses, tandis que les rayons du soleil, obliquement projetés, dansent sur les vagues qui clapotent le long des vaisseaux à l'ancre.

Les yeux ne sont pas seuls charmés. Après vingt jours passés à bord, pendant lesquels on n'a entendu que la mer en révolte et le grincement de la machine, les bruits de la terre parviennent à nos oreilles comme autant de parties distinctes d'une radieuse symphonie.

Les carillons tintent gaiement. Des navires que l'on côtoie arrivent des fragments de chansons, échos lointains des rudes falaises bretonnes, des plages italiennes ensoleillées, des rives norvégiennes blanches de neige. Les bateliers débitent leurs boniments. Les charrettes du quai, les voitures de la rue font un vacarme adorable. Les bruits du bord ne sont plus les mêmes; les commandements paraissent plus impérieusement adressés. Sur le plancher grincent les colis que l'on traîne.

A l'entrée de la passe, sur les murailles du Morro, la musique militaire s'exerce, et au loin nous entendons des lambeaux du *Trovatore*. Comme à Saint-Thomas, une flottille nous assaille, mais personne n'ose nous accoster.

Les offres de service, les cris, les renseignements se croisent, se heurtent, tantôt en espagnol ou en anglais, tantôt en français ou en allemand. L'*Eider* s'arrête enfin. Pressé de mettre pied à terre, chacun retient une embarcation. Bientôt viennent à bord les préposés de la police, de la santé et de la douane, avec leurs agents subalternes. Les issues sont aussitôt gardées.

Puis s'approchent en foule des barques chargées d'amis. On échange des cris de bienvenue, on s'envoie des baisers, on se demande mutuellement des nouvelles de tous ceux qu'on aime; les mouchoirs flottent, les chapeaux s'agitent; quelques parents, quelques amis, plus hardis, montent à bord, et ce sont des embrassements à n'en plus finir. Les larmes s'en mêlent, allez! et ce sont de douces larmes, celles-là!

La police a accompli son œuvre, le service de la santé aussi; il ne reste plus qu'à satisfaire la douane. Nous descendons avec nos menus bagages dans une embarcation qui nous conduit à terre. Là, nous attendons la venue de nos colis. La visite en est bientôt faite et le plus poliment du monde.

Puis nous passons au guichet du receveur, qui, en échange de nos passeports, nous délivre, moyennant deux dollars, un permis de débarquement, sans préjudice d'un permis de séjour qu'il nous faudra retirer et payer le lendemain. Au départ, nous payerons en retirant notre passeport; nous payerons encore pour avoir notre permis d'embarquement.

Ce sont les petits profits de l'Espagne, et il faut lui rendre cette justice, qu'elle est accommodante à plaisir avec ceux qui ne se font pas tirer l'oreille.

Puisque nous ne pouvons pas encore mettre pied à terre, pendant que la police accomplit son œuvre, examinons un peu comment est gardée la Havane.

L'entrée du port est défendue :

D'un côté, par le château fort de *los Santos Reyes del Morro*, qui exige 800 hommes de garnison et qui cache à fleur d'eau une batterie importante, celle de *los Doce Apóstoles;*

De l'autre, par le fort de *la Punta.*

Au sud-est du Morro, dominant toute la ville, s'élève la citadelle de *San Carlos de la Cabana*, qui peut abriter 4,000 hommes. La Cabana et la batterie de *la Pastora*, à fleur d'eau comme celle des Douze-Apôtres, sont armés de 245 canons.

A l'est, à un kilomètre, est le fort *Número Cuatro*, et au sud-est, à 4 kilomètres de l'entrée, la tour de *Cojimar.*

Les feux du Morro et ceux de la Cabana d'une part, de l'autre ceux des châteaux *del Príncipe* et de *Santo Domingo de Atarés*, se croisent si bien que la ville pourrait être criblée en quelques heures, tandis que les batteries basses de la Pastora et des Douze-Apôtres raseraient la mer.

Indépendamment des forts et batteries que j'ai cités, existent encore les défenses suivantes : le fort de *San Nazario*, le rempart de *la Plaza*, la batterie de *Santa Clara*, le fort de *la Chorrera* et la tour de *Banes.* Le tout armé de 650 canons environ.

Ces fortifications ont nécessité des dépenses considérables. La tranchée qui porte le nom du comte de Santa Clara n'a pas coûté moins de 600,000 dollars. ·

On ajoute que...

Mais nous voilà en règle avec la santé et la police. Maintenant qu'il est établi que nous ne sommes ni pestiférés, ni Chiliens, ni pirates, en route pour la terre !

Il y a une heure, à bord de l'*Eider*, Paris était encore à deux pas de moi; la chaîne de mes pensées ne s'était pas brisée. Saint-Thomas m'était apparu pendant la nuit et si peu d'instants, que je pouvais croire à un rêve; mais l'aspect pittoresque de la Havane ne me permet plus d'en douter : Paris est à l'autre bout du monde.

La voiture qui m'emporte ne ressemble à aucune de celles dont on fait usage en Europe; les maisons que je regarde, ébahi, ont un aspect particulier. Ces larges fenêtres ouvertes jusqu'au ras du sol et par lesquelles le regard plonge jusqu'au cœur des appartements; ces femmes nonchalantes, peu soucieuses d'initier ou non les passants aux mystères de leur intérieur; ces négresses effron-

tées, traînant dans la poussière et les ordures leurs jupes intermi-
nables; ces mendiants qui, à chaque pas, vous offrent la fortune
au nom de la loterie royale, tout cela est bien fait pour me sur-

prendre, et me surprendre, c'est me ravir. Mon attention est trop
surexcitée pour que j'apprécie quoi que ce soit. N'attendez de moi
aucune description en ce moment. Pendant ces premières heures,
mes yeux dévorent tout ce qu'ils rencontrent; ils regardent tant
qu'ils ne voient rien.

* *

La maison que j'habite ne ressemble en rien à celles d'Europe.
Elle est, à l'extérieur, peinte en bleu de ciel et toute lisérée de

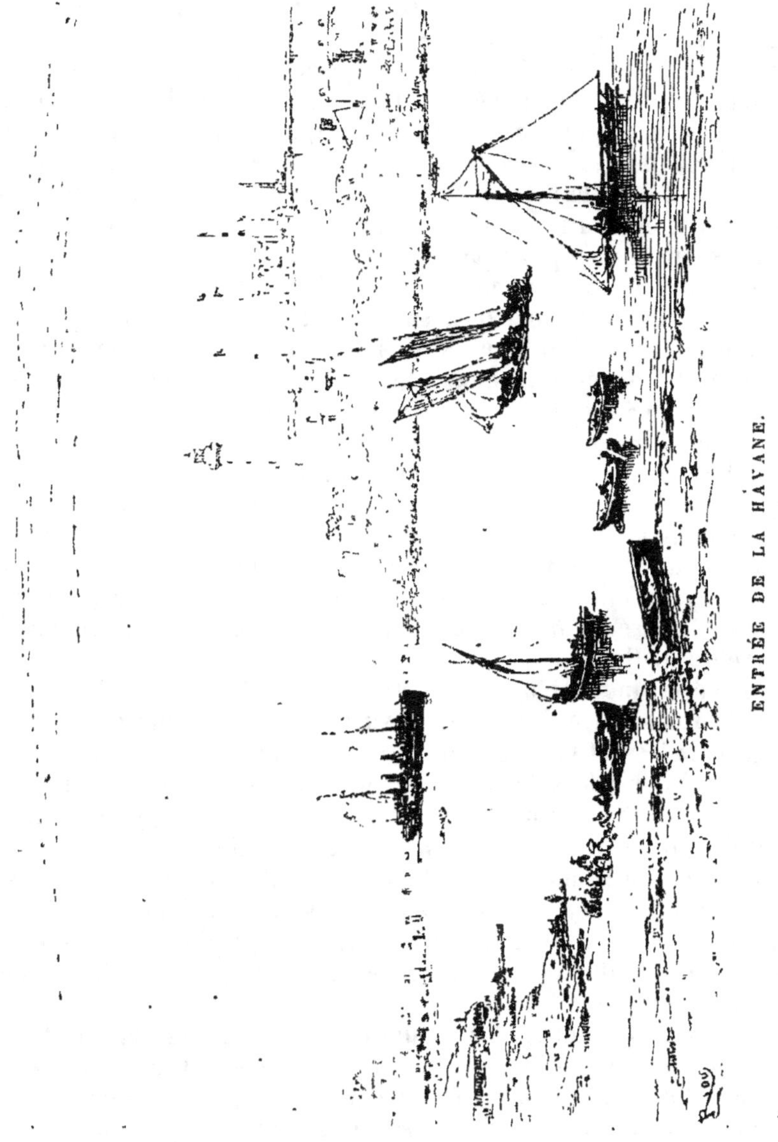

blanc. De loin, on la croirait faite en pâte tendre et fraîchement
sortie des ateliers de Sèvres. Les volets sont verts. La porte
cochère, une porte cochère monumentale, lourde et massive, est
d'un beau brun rouge et toute criblée de gros clous de cuivre poli.
Dans un des battants est découpée une petite porte qu'égaye un

heurtoir étincelant représentant des chimères enroulées. Aux fenêtres sont scellées d'énormes grilles.

Les persiennes ont des lames mobiles qui s'écartent ou se referment selon que l'on veut voir ou être vu. Les volets, qui se replient dans le jour comme les feuilles d'un paravent, sont assujettis la nuit au moyen d'une traverse de fer fortement boulonnée. Les châssis vitrés n'existent pas.

Notre toiture européenne est remplacée par une terrasse, sur laquelle on prend quelquefois le frais quand vient le soir. Durant le jour, l'*azotea* appartient aux *criadas*, qui y font sécher le linge, mais avant tout aux *urubus*, vautours nains, au nez rouge, appelés *caranclos*, et dont le mérite, fort appréciable dans ce pays où l'édilité urbaine est dans l'enfance, consiste à dévorer les ordures abandonnées sur la voie publique.

Respectés de tous, familiers plus qu'il ne convient, ils passent leur journée sur les balcons, sur les terrasses, en compagnie de pigeons, se faisant en bons voisins des politesses ; puis leur sieste achevée, ils lissent du bec leurs plumes noires, des heures durant.

La porte cochère une fois franchie, nous nous trouvons dans un vaste vestibule qui sert en partie de remise à la voiture. Les murailles sont recouvertes de faïences à personnages qui ne resteraient pas longtemps en place si quelqu'un de nos amateurs de bibelots passait par ici. A gauche, une grille légère en fer forgé, très élégamment ouvragée, met en communication le salon et le vestibule. Un faisceau de gerbes de plus de deux mètres, trophée religieux chargé d'appeler le bonheur sur la maison, s'épanouit au centre du grillage.

Des persiennes mobiles permettent, si on les baisse, de s'isoler dans le salon ; si on les lève, de surveiller les allants et venants. C'est dans le vestibule, et devant la porte ouverte, que les domestiques viennent le soir, leur besogne terminée, fumer, bâiller et médire. Les noirs s'assoient sur le seuil, s'accroupissent sur le trottoir, tandis que les blancs accaparent les sièges.

Une large arcade donne accès dans la salle à manger. Toutes les ouvertures sont monumentales à la Havane, et, si l'air ne circule pas, ce n'est pas faute de trouver le passage libre. Les fenêtres ont la largeur de nos portes cochères, et les portes, celle de nos arcs de triomphe.

Dans presque toutes les habitations bourgeoises, la façade est occupée par un vestibule immense, de plain-pied avec la rue, et par le salon. La salle à manger vient ensuite ; elle occupe toute la largeur du bâtiment et donne sur une cour presque toujours encadrée par une arcade aux larges piliers. C'est dans la rue, devant la porte, que l'on dételle. Bon gré, mal gré, le cheval traverse le *comedor* (la salle à manger), pour regagner son écurie. Puis la voiture, lavée, cirée, brossée, vernie, est remisée dans le vestibule.

Le nouveau venu est prodigue de critiques sanglantes, rien ne trouve grâce devant lui. Les maisons basses, les rues étroites, les murailles bariolées, ce qui est blanc, ce qui est noir... que sais-je! tout ce qui pour lui est nouveau le choque. Mais, au bout de quelques jours, mieux instruit, mieux avisé, il comprend que des maisons plus hautes empêcheraient l'air de circuler, que les rues les plus étroites sont les plus ombreuses, que les façades bariolées sont plus douces pour les yeux, et il n'est pas rare de le voir alors porter aux nues ce qu'il dénigrait de son mieux.

Dans les quartiers adoptés par le commerce, les boutiques envahissent toutes les façades; il n'y a pour ainsi dire pas de murs d'une ouverture à l'autre. Il est facile, du reste, de se faire une idée de ces rues sans murailles, bordées de larges fenêtres grillées, si l'on se rappelle le pavillon construit pour les animaux féroces à l'entrée de notre Jardin des plantes. Une fois les portes closes, les rues ont un faux air de ménagerie.

Je parlais, il y a un instant, du bariolage des maisons. Je crois devoir enregistrer ici un mot plein de sens que j'ai entendu ce matin.

— Monsieur le marquis, dit le *criado de mano*, il serait grand temps, je crois, de faire repeindre la façade.

— Tu as raison. J'ai remarqué en rentrant hier qu'elle n'est plus convenable. Dès demain, occupe-toi de cela.

— Devrai-je faire conserver ou changer la couleur de la maison?

— Pour ce qui est de cela, va le demander à nos voisins d'en face. C'est eux seuls que cela intéresse. Est-ce que de chez moi je vois ma façade? Est-ce que je m'arrête pour la regarder? Eux, au contraire, l'ont toujours devant les yeux. Va donc leur offrir mes compliments et prendre leurs ordres à ce sujet.

N'est-ce pas faire preuve à la fois de bon sens et de courtoisie?

La ville a deux aspects bien distincts : pendant le jour, elle sommeille, engourdie, énervée; la nuit venue, elle tressaille, elle respire, elle vit. Tant que le soleil brille, tout est soigneusement clos. A peine de loin en loin voit-on quelque doigt rose écarter les lames mobiles des persiennes. et deux grands yeux noirs, pleins de lumière, suivre les passants.

Mais à l'heure bénie où le jour baisse, portes et fenêtres s'ouvrent à deux battants, les persiennes s'écartent, les stores grincent en s'enroulant... Place à l'air, à la brise, à la fraîcheur! La maison n'a plus de secret. Le passant est initié à la plupart des détails de la vie de famille.

Il assiste d'abord au repas du soir.

La table est grande et abondamment servie dans ce pays aux familles nombreuses. Une nuée de nègres, de négresses, de négrillons, va, vient, se démène autour de la table, dans un nuage de

mouches et de moustiques avides. L'un présente le pain dans une
corbeille, celui-ci verse le bordeaux, tandis qu'une négrillonne
alerte offre l'eau glacée que contient un vase argenté.

Il faut des serviteurs spéciaux pour changer les assiettes, il en
faut pour porter les plats ; et pendant ce temps un second peloton
prépare un dessert merveilleux qui, à lui seul, occuperait un gour-
met deux heures durant.

Et ce n'est pas tout : il y a encore les petiots, les favoris, les pages, qui se tiennent près de leurs maîtresses, raides et immobiles, les yeux en arrêt, les coudes dans les mains, prêts à ramasser le mouchoir, qui, régulièrement, glisse à terre de cinq en cinq

minutes, ou bien à aller chercher l'éventail et le flacon oubliés. Ils recueillent de temps en temps une caresse et volent au passage un fruit ou un gâteau.

Pendant ce temps, le *calesero* a roulé dehors la voiture et sorti le cheval, qu'il attelle devant la porte. Le repas terminé, les femmes, épaules et bras nus, des fleurs dans les cheveux, noyées dans la mousseline, s'en vont, trois dans une voiture de deux places, se faire voir au « Paseo ».

De tous côtés le gaz s'allume. Les rues se remplissent de promeneurs. L'excellente musique du bataillon des *Obreros de Ingenieros* retentit sur la place d'Armes. Le théâtre Tacon ouvre ses portes. Au coin de la *Calle San Rafael*, à la *Dominica*, au café de *Escauriza*, chez tous les glaciers, il n'y a plus une place vide. Le *nectar-soda*, la *limonada gaseosa* pétillent ; les excellentes glaces à la *Guanabana*, au *Tamarino*, aux *Sapotes*, l'ananas glacé au champagne, la *granizada*, les *hicacos* confits, les *dulces de Yemà*, sont aussitôt servis, absorbés et remplacés.

Les négociants avides de villégiature, attardés par quelque important départ ou arrivage, se hâtent de regagner le *Serro*, *Puentes-Grandes*, *Guanabacoa* ou *Marianao*. Leurs chevaux, stimulés à coups de lanière, pressent le pas, trottant l'amble et martelant de leurs sabots, à coups secs et précipités, la chaussée dure et poussiéreuse.

Le cirque de Ciarini commence sa parade.

Les nègres, accoudés sur le comptoir des *bodegueros*, régalent leurs femelles d'*aguardiente de cabeza* ou de cigares. Ils cherchent querelle, pour se distraire, à quelque coolie maigre et jaune qui fuit ou joue du couteau.

Devant l'*Hôtel d'Inglaterra*, l'*Hôtel de Almy* et le *Telegrapho, fonda, posada y casa de baños*, les voitures vont et viennent, menées grand train par des nègres braillards, pillards, puants et déguenillés.

Au haut des moindres clochetons, les carillons tintent à l'envi. Les *serenos* prennent leur pique inoffensive, allument leur lanterne sourde et aveugle, et commencent leur tournée.

Les volets ouverts à deux battants, les persiennes enroulées permettent de voir les serviteurs affairés qui, dans chaque salon, placent les sièges face à face, sur deux rangs, près des fenêtres, rangent les crachoirs en bataille et posent sur les consoles des vases d'une terre poreuse, remplis d'une eau toujours glacée dans laquelle toutes les lèvres iront se tremper.

La voiture rentre. Les promeneuses descendent en hâte et vont effacer à coups d'éponge les traces que la poussière a laissées sur leurs épaules, leur visage et leurs bras. A huit heures, tout le monde est réuni ; hôtes et visiteurs se balancent. La causerie roule sur des sujets sans importance, faciles à traiter, ne demandant pas trop d'efforts d'imagination.

Les femmes, rêveuses, engourdies ; les hommes, le cigare à la bouche, perdus dans un nuage, restent fort longtemps sans parler, tout entiers à cette volupté qu'on ne connaît bien que sous les tropiques, de suspendre le cours de toute sensation, de ne pas penser, de s'engourdir aussi bien l'âme que le corps et de ne garder de la

vie que ce qu'il en faut pour se dire : « Je ne vis plus... » et res-
susciter à temps.

Les rues sont parcourues par une population aussi variée, aussi
bigarrée que possible.

Le créole, sec, nerveux, pincé, petit, toujours chaussé avec soin,
coiffé du tuyau européen, habillé de blanc, sauf la « lévite (1) »,
va à pied le moins possible. S'il s'y résout, il suit avec précaution
l'étroit trottoir que lui dispute le Catalan aux épaules robustes, aux
vêtements débraillés.

Le nègre trotte au milieu de la chaussée, les bras ballants comme
deux balanciers de pendule, le nez au vent, dodelinant sa tête, pro-
menant de tous côtés un regard vague que ne dirige aucune pensée
précise, chantonnant un air méconnaissable et se garant avec peine
des voitures.

Le mulâtre, plus alerte, en quête d'aventure, passe partout, jetant
sur tout un regard effronté. Il s'arrête un instant pour adresser
quelques lazzi à un ami de circonstance et reprend sa course pour
l'interrompre dix pas plus loin.

Le Chinois, lui, rase prudemment la muraille, avançant plus vite
que tout le monde, bien qu'il n'ait pas l'air de bouger.

Des femmes vêtues de mousseline claire, décolletées, tête nue ou
enveloppées dans la mantille de dentelle noire, vont et viennent
dans leur *volante*. En voici deux qui s'arrêtent devant un cordon-
nier. Elles dédaignent de mettre pied à terre et tendent leurs pieds
mignons, chaussés de bas à jour, à des commis qui leur essayent
la pantoufle de Cendrillon.

Fort heureusement, de larges enseignes, peintes sur étoffe et
tendues d'un côté à l'autre de la rue, à la hauteur du premier
étage, abritent un peu les passants. Le soleil commence à monter.
Les trottoirs sont impraticables; à peine sont-ils assez larges pour
une seule personne. Leur grand âge n'est pas douteux ; ils sont
usés de telle sorte qu'ils ont l'aspect de gouttières.

Les voitures, en les rasant, vous obligent à chercher un refuge
dans les boutiques. Aussi ne voit-on jamais deux personnes se
donner le bras. Cette douce intimité, ce charmant enchaînement,
cette union de deux corps qui se soutiennent ou se pressent, ces
deux volontés fondues en une seule, grâce à l'enlacement de deux
bras, cette flânerie intelligente est inconnue par delà le canal de
Bahama.

A chaque fenêtre passe une tête; sur chaque balcon un bras nu
est appuyé. Il n'y a donc rien à faire, rien à soigner, rien à aimer
dans toutes ces maisons, que tant de femmes vivent ainsi à la
fenêtre ?

Une négresse vient de passer. Sur ses cheveux crépus, son ma-

____

(1) Nom donné par les créoles à la redingote...

dras aux couleurs éclatantes résout un miracle d'équilibre. Sans jupons, probablement sans chemise, sa robe est maintenue on ne sait comment; chaque pas nécessite un mouvement des hanches

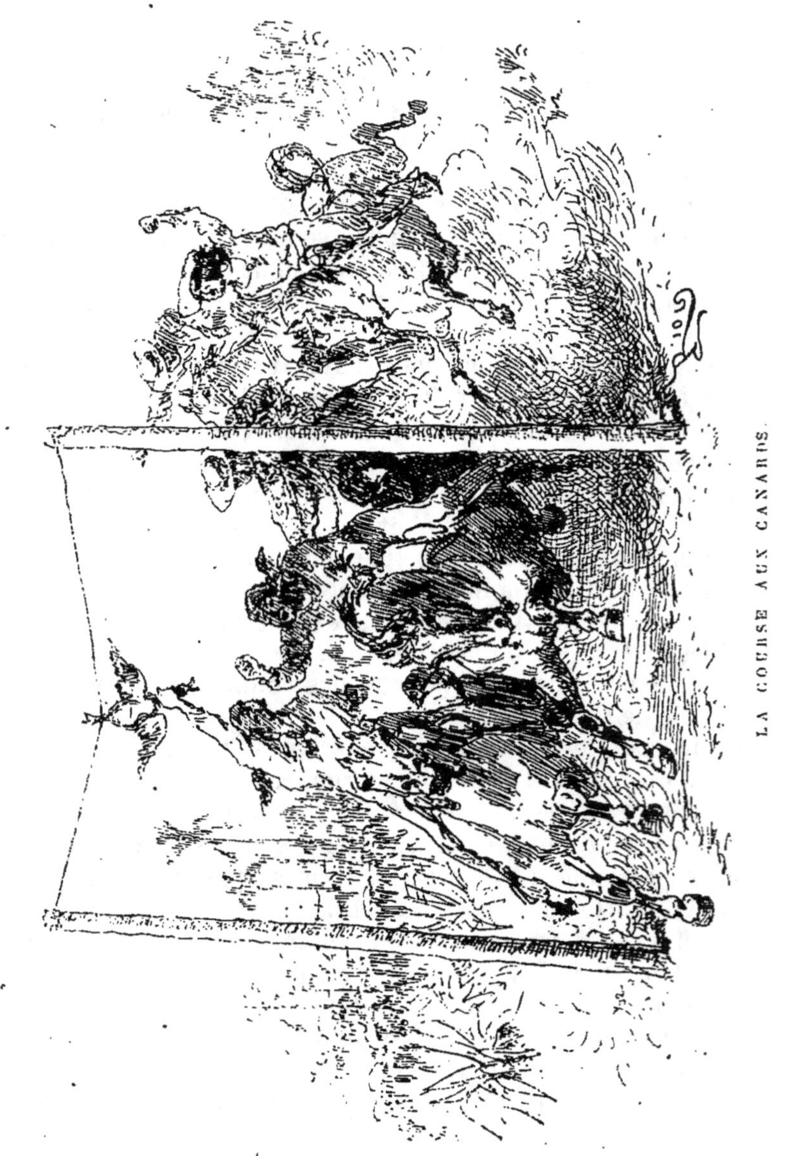

LA COURSE AUX CANARDS.

qui la retienne. Son châle est placé de travers, la pointe gauche jetée sous le bras droit. Ses pieds nus traînent des *chancletas* (1) en lambeaux qui claquent sur le trottoir.

Sa jupe trace à l'arrière un sillon dans la poussière, remor-

(1) Savates, chaussures en mauvais état et dont on a rabattu les quartiers.

quant des ordures assorties. Pour tromper la longueur du che-
min, la belle mâche un cigare aussi noir qu'elle. De temps
en temps elle en presse le côté allumé entre ses dents, pour

que la fumée abondante et âcre lui gratte un peu la gorge.
Elle s'arrête devant une porte cochère. C'est sans doute la
demeure de quelque officier supérieur, car dans le vestibule trois
soldats en tenue sont installés. Sur une petite table, ils roulent des
cigarettes pour *la Real fábrica, la Honradez*.

Les magasins des rues *de Mercaderes, del Obispo, de Obiapia* et de quelques autres points de la ville se font une clientèle factice qui ferait bien rire à Paris. Devant les comptoirs, tournant le dos à l'entrée, ou debout devant les vitrines, des mannequins de grandeur naturelle, soigneusement vêtus, paraissent examiner les marchandises avec la plus grande attention.

Qui de nous n'a pas hésité à franchir la porte d'un magasin vide, qui y fût entré immédiatement s'il y avait vu des acheteurs? Grâce à ce mode de procéder, le commerce fait toujours bonne figure. Une foule en carton se presse dans les boutiques, attirant la pratique comme ce compère qui, dans nos foires, sort le premier de la foule et, escaladant les marches des baraques, entraîne après lui les badauds hésitants.

C'est assurément un grand philosophe, cet armurier dont je viens de longer la boutique. Voulant placer le remède à côté du mal, digne partisan des « compensations », admirateur pratique d'Azaïs, il fait le commerce des bandages.

Sa main droite distribue, il est vrai, des revolvers qui fracasseront les os, des lames effilées qui trancheront ou perforeront la peau de ses semblables ; mais sa main gauche répand des ligatures qui raccommoderont et consolideront leurs membres endommagés, des onguents qui assainiront, cicatriseront leurs plaies.

Partout ici les pharmacies ont un aspect monumental. On a honte d'entrer dans ces palais et de déranger d'aussi parfaits cavaliers que ceux qui trônent dans leurs comptoirs. Comment demander à de pareils *gentlemen* pour quelques sous d'une pâte quelconque? Il est vrai qu'afin de vous mettre à l'aise, on pousse la délicatesse jusqu'à hausser un peu les prix.

Je suis allé bravement m'asseoir sur le quai, les pieds dans la mélasse, au milieu d'un nuage de moustiques enragés. Le long du bord se balance, flanc contre flanc, sur plusieurs rangs de profondeur, l'interminable file des vaisseaux marchands. Au milieu de la baie dorment d'un œil les vaisseaux de guerre blancs et noirs, tandis que vont et viennent les embarcations de la douane.

Le soleil est de plomb; aucun souffle ne rafraîchit l'air. Les pavillons pendent immobiles, les voiles sont repliées et du haut des mâts tombent et se croisent dans un pêle-mêle savant les chaînes et les cordages. Le linge sèche sur les échelons. Quelques cheminées donnent passage à une fumée blanche et légère qui monte lentement, hésite et se perd sans avoir rencontré un souffle de brise pour la guider.

A l'avant des navires se tordent des sirènes, s'enroulent des tritons, se penchent des héros de bois peint. Toute la mythologie nautique est représentée là. Auprès de cette exposition internationale de sculpture, la peinture ne fait pas trop mauvaise figure, tout élémentaire qu'elle soit. Un Américain aux flancs robustes peint sa coque en noir, tandis qu'un Danois, moins lugubre, se barbouille de rouge, et un Hollandais de vert pomme. L'école hollandaise est, une fois encore, sans rivale.

J'ai dit qu'il fallait du courage pour stationner sur le quai; c'est d'héroïsme que j'aurais dû parler.

Une course effrénée s'engage. Des portefaix roulent d'énormes barils et luttent de vitesse en riant. Tant pis pour les maladroits et les distraits qui se trouvent sur leur passage. Un madrier chargé sur un haquet vient du même coup de crever un tonneau de farine américaine et de jeter bas une pile de barils de miel.

Il se forme sur le plancher un mastic gluant dans lequel tout le monde piétine. Voilà de belle besogne!

Les moustiques arrivent par nuées, avides, féroces, sonnant leur fanfare d'attaque. Les ravets viennent ensuite, ventrus et puants. Puis c'est le tour des scolopendres, qui sortent de dessous les planches et les cailloux, précédant de peu les scorpions roux. Avisez-vous de déranger ces écumeurs de fange!

Tous les échantillons de la laideur humaine sont réunis là. Congos, Mandingues, Sofalas; nègres camards, trapus et cagneux; fronts étroits, pommettes saillantes, torses robustes et jambes grêles, cheveux crépus, ventres ballonnés, peaux huileuses, tout est là. Le Chinois couleur de safran, sec et grêle, le visage plat, le menton imberbe, travaille, silencieux et grave, tandis que le noir rit bruyamment et montre des dents éternellement blanches, dépareillées à coups de poing ou de couteau.

La farine descend à terre, le sucre monte à bord.

Ici se déchargent les marbres de la Nouvelle-Caroline, les vins d'Espagne, le beurre américain; là s'embarquent des barils poissés, des caisses de cigares et du cacao.

Le soleil dore la mer; le miroitement de l'eau moire de reflets verdâtres le flanc des vaisseaux. Les douaniers vont et viennent d'un air indifférent; mais leur œil se promène au bon endroit.

Au delà des planches, du côté de la ville, des camions attelés de mules ou de bœufs se remplissent de sacs, de caisses ou de barils. La charge est faite, le fouet siffle, l'aiguillon pique : « Hardi les bêtes! » Les commis courent de tous côtés, le carnet à la main, pointant les connaissements, contant quelque histoire grivoise au douanier, dans l'espoir de le voir sourire et de s'en faire un indulgent compère.

Les marteaux des chantiers ne s'arrêtent pas une seconde, tapant le fer, tapant le bois. Au milieu de la rade stationnent les bateaux de guerre, courent les embarcations, tandis que de cinq en cinq minutes passe le vapeur-omnibus de Regla. Et dans le fond, tout là-bas, au-dessus de la mer immense, des oiseaux blancs aux larges ailes décrivent dans l'air des cercles sans fin.

*
* *

J'ai été ce matin à la messe à Saint-Philippe.

Les cloches, qui ne se reposent ni jour ni.nuit à la Havane, se

LA CASA DE VIVIENDA.

démenaient de tous côtés avec une furie inconnue en Europe.
Elles rendent un son étrange, qui tient du bois et du fer-blanc. Il
semble qu'on les secoue toutes ensemble, comme un paquet de
grelots.

Aux abords de l'église, les rues sont encombrées d'équipages dans lesquels se tassent, tant bien que mal, les familles dévotes.

Rasant les murs, suivant les trottoirs étroits qui les garantissent

à peine des voitures, quelques dames se rendent à la messe, accompagnées d'un négrillon ou d'un petit mulâtre qui porte la chaise et le tapis. Aux alentours de Saint-Philippe stationnent les *quitrines;* sous les portes, les calesseros médisent du prochain. On ne franchit qu'à grand'peine le portail, envahi par les mendiantes.

Et quelles mendiantes, mon Dieu! Leur souvenir me donne des nausées.

Celui qui n'a pas vu ces vieilles en guenilles, ces négresses hideuses qu'un gorille rougirait d'avoir pour parentes, ne sait rien de la laideur abjecte. Ces créatures n'inspirent ni le respect ni la pitié. Shakespeare les eût placées dans la lande, devant Macbeth et Banco; Gœthe les eût envoyées au-devant de Faust et de Méphisto, sur le Brocken. La laine grise qui recouvre ce qui leur sert de tête, mangée par places, ressemble à de la moisissure. Leur œil terne est souligné par une poche froncée, vide de larmes.

Leurs lèvres épaisses et grises, sèches et plissées, découvrent, en s'écartant, une ou deux dents blanches, dont l'isolement est d'autant plus sensible qu'elles se détachent sur un fond plus noir. Leurs larges oreilles, plates et écartées, sont ornées d'anneaux de cuivre. Sur leurs épaules, autour de leurs bras nus, s'enroulent des colliers et des bracelets de verroterie; car ces loques vivantes meurent avec l'amour du clinquant dans le cœur.

Leur robe de mousseline claire a traîné dans tous les ruisseaux, empruntant à chaque variété d'immondices un échantillon.

Un chiffonnier de banlieue reculerait devant les savates que traînent leurs pieds nus.

Quelques-unes ont jeté sur leur tête et leurs épaules un fichu jadis de soie, dont la trame usée est remplacée depuis longtemps par un tissu graisseux. Un bâton de 2 mètres leur sert d'appui. Autour de la main qu'elles vous tendent, un chapelet est enroulé. La prière qu'elles balbutient, elles ne l'ont jamais comprise.

Dieu, pour elles, c'est ce morceau de bois ou de pierre qui a forme humaine et qui pend à quatre clous, sur deux planches en croix. Leur pensée n'a jamais été plus loin que leur regard; au delà de l'azur est le vide.

Les églises créoles ne ressemblent en rien aux nôtres. Leur aspect est plutôt gai que sévère. Les couleurs les plus criardes s'y livrent des batailles sans fin. On sent que toujours on s'est moins préoccupé du monument lui-même que des ornements qui le garnissent. La cathédrale porte, comme tous les édifices religieux de l'Amérique espagnole, la trace du péché originel : elle est de conception jésuitique.

Partout où vous irez, au Mexique, dans les Antilles, dans l'Amérique du Sud, vous retrouverez éternellement les deux clochetons inégaux à trois étages, bourrés de cloches; le même fronton aigu aux contours tourmentés, recouvert d'une toiture en tuiles rouges; les deux mêmes étages de colonnes qui ne supportent rien; les mêmes niches vides, qui paraissent n'avoir tenté aucun saint; les mêmes pierres jaunes lisérées de ciment; les trois mêmes portes coiffées de leur chapeau pointu, si soigneusement

closes à l'heure des repas et de la sieste ; le tout précédé d'un petit
perron de trois marches.

L'intérieur de la cathédrale a meilleur air ; les proportions en
sont belles, mais les fresques, la colonnade peinte qui sert de
fond au chœur, la chaire à prêcher, manquent absolument de
caractère. Le pauvre Christophe Colomb, voué à l'ingratitude
éternelle, n'a pas la tombe qu'il mérite. La modeste plaque qu'on
lui a consacrée satisferait médiocrement les mânes du moins
exigeant de nos contre-amiraux. L'inscription est plus digne du
monument que du grand homme. La voici :

> ¡ O restos é imagen del grande Colon,
> Mil siglos durad guardados en la Urna
> Y en la remembranza de nuestra Nacion !

II

MATANZAS.

J'ai été passer quarante-huit heures à Matanzas, une adorable
ville, riante et active entre toutes, qui porte le plus lugubre des
noms. Matanzas serait le port des *massacres*.

Un écrivain contemporain de la conquête, Bernard Diaz del
Castillo, raconte qu'un vaisseau allant de Saint-Domingue aux
Lucayes fit naufrage dans la baie où naquit plus tard Matanzas.
L'équipage fut recueilli par des Indiens non moins astucieux que
gastronomes, qui, après force politesses, l'occirent et le boucanè-
rent. Une femme et trois hommes furent épargnés. Bernard Diaz
del Castillo ne donne pas la raison de cette préférence. Les pré-
servés étaient-ils trop maigres pour figurer sur un menu sauvage ?
Cela se peut. Les Caraïbes organisaient-ils en ce temps-là un jardin d'acclimatation ? Je doute qu'ils aient jamais rêvé d'acclimater
les Espagnols. Je croirais plutôt que Bernard Diaz del Castillo
avait besoin de quelques survivants pour raconter l'affaire. Toujours est-il que depuis 1692 la baie porte le nom lugubre de Ma-
-tanzas.

La ville est construite entre deux rivières adorablement enca-
drées : le *Yumuri* et le *San Juan*. Elle occupe au fond de la baie une
situation des plus heureuses, grâce au terrain légèrement en pente
sur lequel elle s'élève. Matanzas n'a rien d'une « ville de province ».
Plusieurs de ses quartiers sont aussi élégants que les plus élégants
de la Havane. Quelques habitations en planches, d'un aspect misé-
rable, destinées à abriter la population maritime, attristent mal-
heureusement le port. Le pays appartient aux Américains du Nord,
qui y déploient leur activité proverbiale.

Je laisse aux guides le soin de vous décrire les cinq places, la statue de Ferdinand VII. la douane. les ponts, la caserne, la cathédrale et tous les monuments publics. les 1,500 maisons de pierre. les 13 pharmacies. les 70 bodegas. les 14 boulangeries et les 25 tabaquerias qui sont les plus beaux ornements de la ville. Vous n'avez pas oublié ma profession de foi. J'entends vous décrire le pays et ses coutumes ; au diable la statistique !

A l'étroit entre ses deux fleuves, Matanzas a passé les ponts. Deux quartiers neufs enveloppent aujourd'hui la vieille ville : de l'autre côté du San Juan. le *Pueblo nuevo* ; de l'autre côté du Yumuri, *Versalles*.

Versailles ! Pourquoi Versailles ? Si la splendeur relative de l'hôpital Sainte-Isabelle. du fort San Severino, de la caserne, du *paseo* qui pendant une demi-lieue côtoie la baie, a valu ce nom prétentieux au quartier neuf. je le trouve absolument exagéré. Si l'on a vu dans la vallée du Yumuri une rivale du parc de Versailles. je déclare, en revanche. ce dernier battu à plate couture, et c'est la ville de Louis XIV qui doit emprunter son nom à *Matanzas*, si toutefois Matanzas daigne le permettre.

*
+ *

Je suis descendu à la *fonda del Leon de oro*, autrement dit, à l'auberge du Lion d'or. J'occupe la chambre n° 22 ; une grande diablesse de chambre peinte à fresque, au plafond orné de poutres apparentes. Dans cette halle. les meubles éparpillés ont l'importance d'un jeu de dominos tombé de quelque ballon dans le Champ de Mars.

Ce qui prête au n° 22 du Leon de oro une valeur sans égale, c'est qu'il donne sur une terrasse qui domine la rade, la ville, la vallée... tout le paradis des bords de Yumuri. Rien de plus merveilleux que cette *azotea*. Je vous engage à en faire le tour avec moi.

Commençons par la droite.

Des collines boisées échancrent partout l'horizon. De ce côté, le vert sombre domine. Quelques sucreries en pleine roulaison fument au loin, masquées par des bouquets de palmiers.

Je vous ai si souvent parlé du soleil, que je le laisse ce soir. se coucher tout seul.

Devant nous coule le San Juan chiné de pourpre et de bleu sombre, d'argent aussi. Des hangars encombrés, des docks immenses pleins de caisses, de barils et de sacs, des magasins, des usines le bordent. Sur le quai. les marchandises sont entassées. prêtes à prendre la mer. C'est de ce côté un va-et-vient incessant de charrettes lourdement chargées. que traînent des bœufs accouplés, de quitrines dans lesquels des gens affairés couvrent de chiffres leur carnet. de cavaliers stimulant leur monture. Les petits chevaux glissent sur la chaussée. Leurs sabots font entendre un staccato sec, rapide et régulier. Les nègres au torse nu font preuve de force ; les Chinois font preuve d'adresse. Personne ne s'entend mieux qu'eux à éviter la besogne.

RÉCOLTE DE LA CANNE.

Je domine la ville. Mon regard va d'une rue à l'autre sans souci des distances et des obstacles. Le soleil est bas. Les rues se remplissent d'ombre. Elles se pointillent déjà de lumière. Les confiterias, les cafés, les bodegas flambent les premiers. Les fenêtres des offices les suivent. Les buveurs d'abord, les commis ensuite.

Dans une petite rue remplie d'herbe, des bœufs paissent en liberté.

Sur les terrasses pavées de mosaïques, de jeunes femmes se balancent, à demi assoupies dans leur chaise à bascule. Des enfants jouent. On cause d'une maison à l'autre. Une terrasse est déserte. C'est celle du *colegio de señoritas de Nuestra Señora del Carmen*, dont les pensionnaires sont à la prière. La maison est bleu Marie-Louise.

Au-dessous de moi je vois une vaste surface de toits rouges. Mon regard plonge dans d'odieuses petites cours sales et lugubres. Là, un cheval efflanqué mâchonne quelques feuilles sèches de maloja, que lui disputent une chèvre et des canards ; ici, assise sur la margelle d'un puits, une négresse change de chemise... Fermons les yeux !

Faisant face à l'entrée principale du Lion d'or, voici la mer, la rade remplie de bateaux alignés côte à côte, le long du bord, à l'embouchure des deux fleuves...

Mais... que vois-je flamber, là-bas, à droite, près de l'horizon ? C'est un champ de cannes qui brûle. La fumée s'étend au loin. Pour se rendre maître du feu, on a incendié une autre partie du champ. La flamme court, sous le vent, au-devant de la flamme. Les deux incendies se rencontreront et s'éteindront mutuellement. C'est ce qu'on appelle *la contra-candela*. La canne reste debout, à demi calcinée. La sève fermente et bout. Chaque nœud se brise et éclate. C'est comme un feu roulant de mousqueterie qui retentit au loin.

A mes pieds encore, de ce côté, un fouillis de toitures et de terrasses. Partout on cherche le frais. Les négresses rentrent le linge qui séchait sur des cordes tendues. Les nègres arrosent les plantes qui végètent, brûlées par le vent de la mer, dans des caisses, sur l'azotea. Plus loin, près de la baie, le théâtre domine tous les autres bâtiments. Que vois-je encore ? Un amas de maisons hautes toutes plus bleues, toutes plus roses les unes que les autres ; au loin, les collines entre lesquelles débouche le Yumuri ; puis, enfin, plus à gauche encore, la cathédrale avec ses ravissants clochetons.

Ajoutez à tout cela le tintement de l'*Angelus*, le bruit lointain de la musique militaire qui arrive d'une place d'armes quelconque. Dans le ciel rose encore, accrochez un fin croissant de lune. En haut, faites scintiller les premières étoiles ; en bas, faites briller les premières flambées. A l'horizon, avivez l'incendie. Offrez à la flamme toute une récolte à dévorer. Autour du brasier faites courir des nègres affolés, ravis du désastre. Comptez les palmiers et les cèdres enguirlandés de lianes qui roulent dans la braise. Tournez la tête et, de côté, suivez des yeux les lanternes des volantes qui vont et viennent dans les rues sombres, les embarcations qui glissent dans la baie pleine de phosphorescences. Saupoudrez les toits de chats en maraude, de pigeons en bonne fortune; appelez sur les terrasses des femmes blanches aux épaules et aux bras nus, et dites-moi franchement si l'azotea du Leon de oro ne compense pas, et largement encore ! les imperfections de la chambre n° 22.

*
* *

Aller à Matanzas et ne pas visiter les grottes de Bellamar, c'est traverser Moscou, Londres, Rome et Paris, sans souci du Kremlin, de Westminster, de Saint-Pierre, des magasins du Louvre et du Bon Marché. Matanzas sans ses *cuevas*, c'est Naples sans Vésuve. Pise sans tour penchée, Genève sans lac. Je suis donc allé visiter *las cuevas de Bellamar...*

Nous avons traversé au pas la voie ferrée, qu'aucune barrière ne protège, et gravi ventre à terre un raidillon escarpé, cahotant, abrupt. Jamais je n'ai pu mieux apprécier l'excellence de la *volante*, l'adresse du *calesero*, et l'énergie des chevaux cubains.

Ces obstacles franchis, nous sommes entrés dans un adorable sentier bordé de haies étranges, remplies de *fuchsias*, d'*hibicus pourprés*, de *nopals*, d'*hicacos*, d'*yuccas* et de *convolvulacées*. J'ai insisté pour mettre pied à terre. Comment ne pas traverser au pas un pareil coin de paradis? Ah ! cher petit Chaperon rouge, patron des pilleurs de haies et des croqueurs de noisettes, si tu avais connu ce petit chemin-là, tu n'aurais plus jamais voulu le quitter. Et tu aurais joliment bien fait ! car tu n'y aurais rencontré ni serpent comme dans le paradis de ta tante Ève, ni loup comme dans l'alcôve de ta mère-grand. En revanche, tu aurais vécu compère et compagnon avec des papillons noirs zébrés de jaune et des oiselets au plumage métallique, avec le *rubis* au poitrail de feu, ce Petit Poucet des oiseaux-mouches.

Une barrière s'ouvre devant nous. Je passe devant un four à chaux. Deux minutes après, nous arrivons aux grottes de Bellamar. Allais-je me trouver devant un portail gigantesque aux parois inégales, raboteuses, percées d'excavations profondes et tortueuses ?... ou devant une caverne sombre, basse, masquée par les ronces ? Était-ce le gouffre qui fit hésiter Dante, la grotte d'azur ou celle de Fingal qui m'attendaient ?

Si vous voulez avoir une idée des proportions de ce cirque gigantesque, multipliez par huit les dimensions de Notre-Dame de Paris; suspendez aux voûtes des stalactites aux puissantes attaches, aux extrémités fines, reliées entre elles par des membranes de marbre, striées, brodées et percées à jour. Prodiguez sur les parois des colonnades irrégulières, autour desquelles grimpent et s'enroulent des lianes d'albâtre et de cristal. Faites jaillir de terre des concrétions coniques dues aux gouttes d'eau chargées de sels calcaires qui tombent de la voûte.

Le sol est couvert de mamelons. Il semble que dans cette cuve de marbre la pierre en fusion bout à gros bouillons.

De tous les côtés s'ouvrent devant moi des chemins sombres. Leur entrée, surmontée de stalactites, pavée de stalagmites inégales, ressemble à la gueule béante de quelque monstre aux mâchoires formidables qui vous attend pour vous broyer.

La curiosité me pousse à devancer mon guide. Mon ombre se dresse tout à coup devant moi, de mes pieds jusqu'au faîte. Mon chapeau emprunte ses contours à la plate-forme de la colonne Vendôme. Des gouttes d'eau tombent, lourdes, de la voûte sur mes épaules. Quelques-unes ont roulé sur la flamme de la torche que je tiens et la font crépiter. Dieu !... se perdre dans l'obscurité, au milieu de cet océan de pierre, dans ces chemins qui vous obligent à ramper ou à marcher courbé, entre ces parois de marbre suintant, sur ce sol raboteux jonché de stalagmites aiguës... Cette pensée ralentit ma marche ; mon guide m'a bientôt devancé.

QUATRELLES.

AUX ENVIRONS DE MATANZAS.